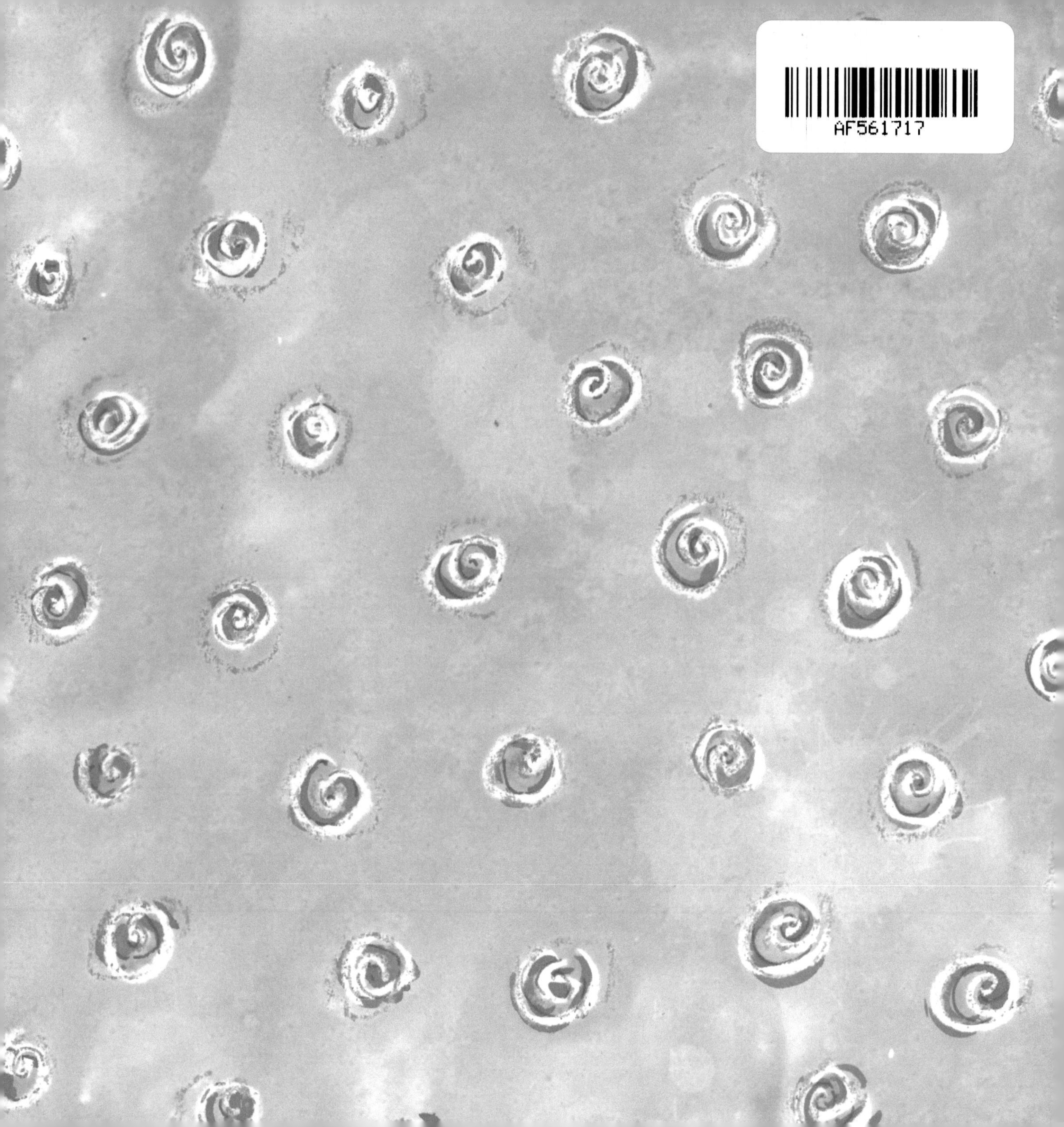

A tiny itsy bitsy gift of life, an egg donor story for boys

www.carmenmartinezjover.com
www.fertilitybooks.net

www.rosemarymartinez.com

ISBN: 9786072934757

Um pequenino PRESENTE DA VIDA,
uma história de doação de óvulos para meninos
1a edição, português maio 2022

História: Carmen Martínez Jover
Design & ilustrações: Rosemary Martínez
Layout: Victor Alfonso Nieto
Tradução para o português de Larissa C. Martins, larissacortinamartins@gmail.com

Encomende a edição personalizada com os nomes de sua família:
Disponível para meninas, meninos e gêmeos.
https://books.carmenmartinezjover.com

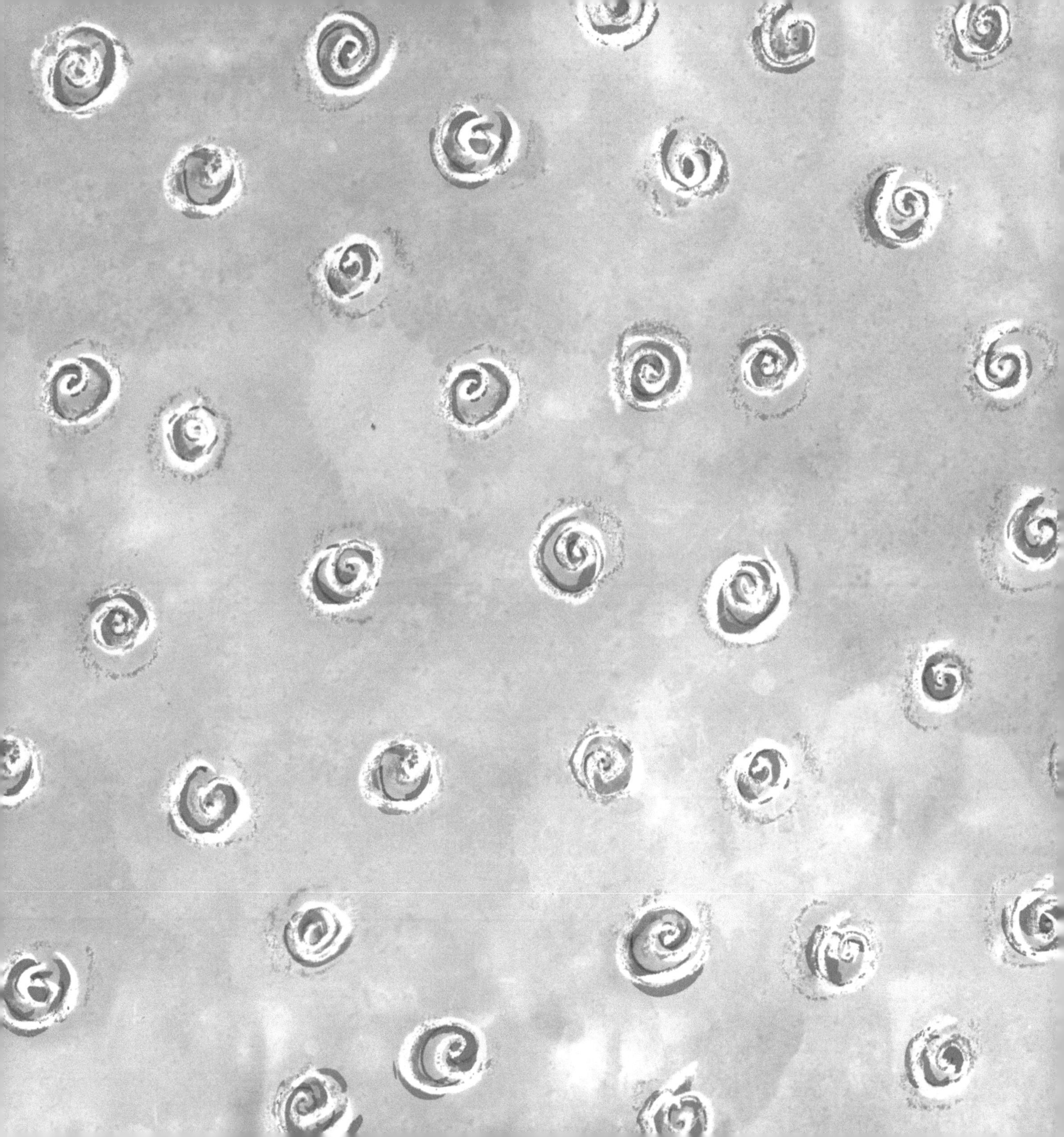

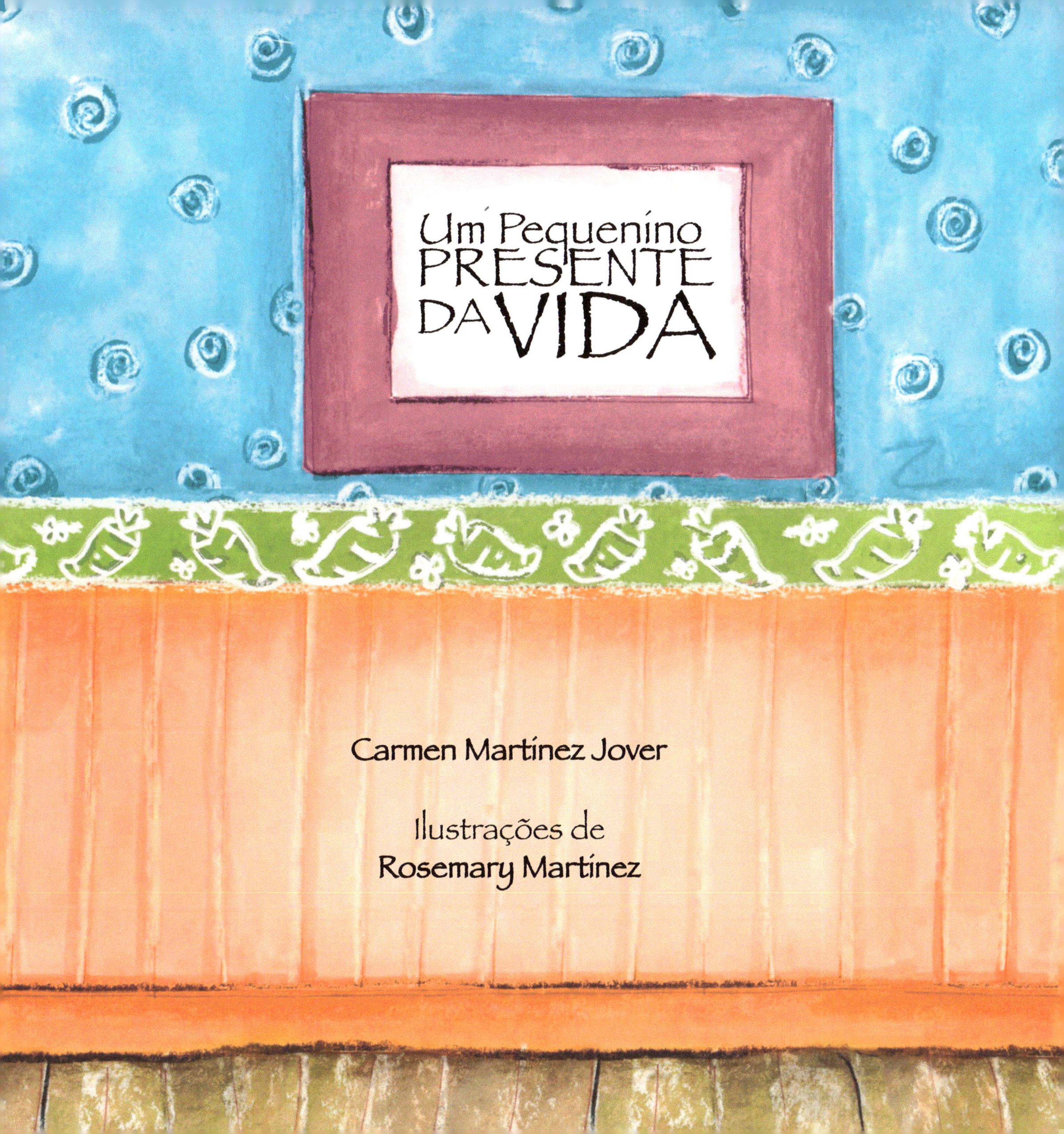
Um Pequenino
PRESENTE
DA VIDA
Carmen Martínez Jover
Ilustrações de
Rosemary Martínez

Dedico este livro à minha filha Nicole, por me ensinar como aquilo que eu tinha tanto medo de compartilhar poderia ser fácil, e por me ensinar como aprender a ouvir meu coração.

Carmen

Dedico este livro aos meus pais, por me ensinarem que tudo é possível com amor, e para Joaquín, o amor da minha vida, por me provar que isso é verdadeiro.

Rosemary

Era uma vez dois coelhos:
Comet e Pally.

Eles viviam muito felizes
em sua bela casa.

Eles adoravam ir ao parque e sempre viam muitos coelhinhos por toda parte, mas não tinham o seu bebê coelhinho.

“Eu quero muito ter o nosso coelhinho. Mal posso esperar pelo dia em que seremos Mamãe e Papai”, disse Pally.

“Sim, eu também”, respondeu Comet.

"Vamos ver..."
ele disse,
"para fazer
um coelhinho,
precisamos de uma
pequena sementinha
sua e uma pequena
sementinha minha."

Como esse biscoito:
duas metades
formam um."

Mas veio a primavera ...

o verão passou ...

o outono passou...

e veio o inverno...

e Pally e Comet
ainda não
tinham se
tornado Mamãe
e Papai.

O médico disse a Pally que
ela não tinha mais sementinhas em sua barriga
para fazer um bebê coelhinho.

Ela ficou muito triste.

Em um dia de sol muito especial, uma coelha bateu na porta.

Eles nunca tinham visto aquela senhora antes.

"Olá Pally,
eu tenho um presente
da vida para você.

Eu tenho muitas
pequenas sementinhas
e quero te dar uma.

Estas são as outras
metades que você
precisa para fazer
seu bebê coelhinho",
disse ela.

Pally cuidou desse pequenino presente como se fosse um tesouro, porque precisava dele para ter seu bebê coelhinho.

E então Comet disse: “Olha, Pally, aqui eu tenho a outra metade do presentinho de que precisamos. Estas duas sementes formam um, como o biscoito, lembra?”

"Agora vamos juntar
minha pequena
sementinha com o seu
pequeno presentinho
em sua barriga, para que
nosso coelhinho possa
crescer", disse Comet.

Logo a
barriga de Pally
começou a crescer
crescer
e crescer.

Comet sempre
cuidava dela.

Pally gostava de comer muitas coisas deliciosas para que o bebê coelhinho em sua barriga crescesse bem saudável.

Eles começaram a preparar o quarto
do seu bebê coelhinho.
O quarto mais lindo e
amoroso já visto.

Pally e Comet finalmente
se tornaram Mamãe e Papai!

Um lindo bebê coelhinho nasceu.
E eles o chamaram
Ranvy.

Ranvy cresceu...

cresceu...

e cresceu...

e eles viveram felizes
para sempre como uma família.

Carmen Martinez Jover
é coach de fertilidade, autora, artista
e palestrante internacional. É também
autora de "I want to have a child,
whatever it takes", uma autobiografia
de sua própria jornada de infertilidade.
www.carmenmartinezjover.com

Rosemary Martínez
é designer premiada
internacionalmente. Suas
ilustrações incríveis tornam essa
história ainda mais divertida para
leitura com seus filhos.
www.rosemarymartinez.com

UMA MÃE SOLTEIRA POR OPÇÃO

Um laço eterno, a história de uma mãe solteira por opção através da doação de óvulos e esperma

DOAÇÃO DE OVINHO E DE ESPERMA

Dois pequeninos PRESENTES DA VIDA,
uma história de doação de ovinho e de esperma

DOIS PAIS

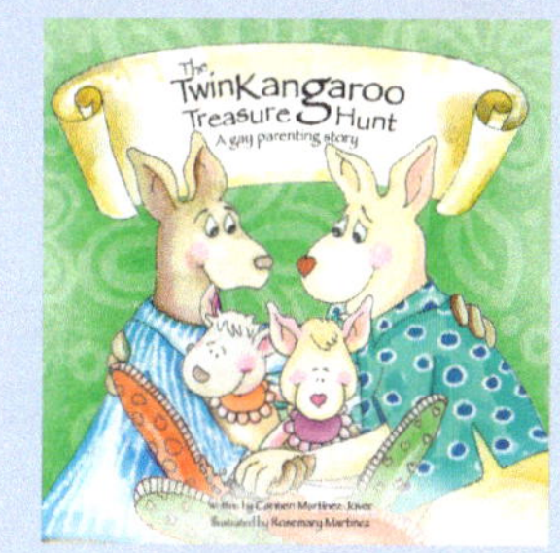

A caça ao tesouro do bebê canguru, uma história de pais gays para um bebê e gêmeos

Outros livros de: Rosemary e Carmen Martinez Jover

I want to have a child, whatever it takes!

Receitas de como são feitos os bebês

Bloom, wherever you may be planted

Disponível em:

www.ingramcontent.com/pod-product-compliance
Lightning Source LLC
LaVergne TN
LVHW070154230826
846093LV00003B/24
* 9 7 8 6 0 7 2 9 3 4 7 5 7 *